Level 1 : Español

Language Sprout

Libro de Actividades
Spanish Activity Book

Copyright © 2022 Language Sprout Publishing, L.L.C.
ISBN: 978-1-63354-037-8
All rights reserved. Published in the United States by Language Sprout.

languagesprout.com

Workbook Level Summary

LEVEL 0

All about the the Spanish alphabet and Spanish basics. Go on an adventure with the Sprout friends made for the emerging learners.

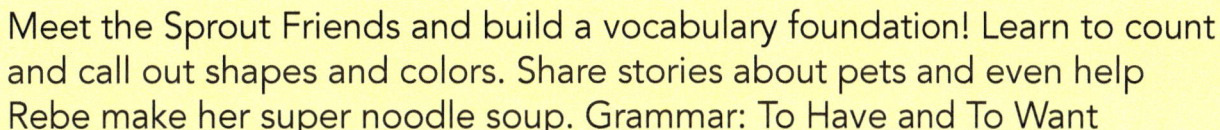

YOU ARE HERE

LEVEL 1

Meet the Sprout Friends and build a vocabulary foundation! Learn to count and call out shapes and colors. Share stories about pets and even help Rebe make her super noodle soup. Grammar: To Have and To Want

LEVEL 2

Marisol arrives! Figure out which fruits this little dinosaur will and will not eat. Dream about jobs along with the Sprout Friends and get ready to take off with transportation. ¡Vamos! Grammar: To Like, To Be, To Go

LEVEL 3

Build a monster using body part vocab. Describe feelings, weather and where you are from. Then form a huge robot family while learning to name each member! Grammar: To Be, To Do/Make, The Date

LEVEL 4

Make a mask and find a cape. Join in the super hero action inside and outside the classroom. Name that classroom item and bring verbs to life...with the Sprout Friends, of course! Grammar: Verb + Infinitives, To be able

Workbook Level Summary

LEVEL 5

Add to the drama in Project Grant then find out if your favorite foods will ever be enough to satisfy Leroy. Finally, grab a map because we have to find Shazam! Grammar: Regular AR, ER and IR verbs

LEVEL 6

Alarm clocks ring and clocks chime. Start the day with Bob and get ready to race against the clock. Take a shopping trip with Lulu but don't get home late. Grammar: Irregular verbs, Time, Reflexive Verbs

LEVEL 7

Pepe hasn't always lived in Sprout City. Look back and get ready to tell stories about "when you were little." Grammar: Preterite, Imperfect, Frequency, Command Verbs.

LEVEL 8

Search, discover and navigate with Emma on a big Sproutland adventure. Tell the tallest tales as your travel, survival and geography vocabulary grows. Grammar: Conditional, Gerund, Future

VISIT US AT

www.LanguageSprout.com

FOR MORE INFORMATION ABOUT LEVELS 9 - 16!

Table of Contents

☐ I: Numbers, Colors & Shapes

- ☐ ¡Bienvenido! — 2
- ☐ Los Números — 3-7
- ☐ ¡Esciribir! — 8
- ☐ ¡Anda a Pescar! — 9
- ☐ Los Colores — 10-11
- ☐ ¡Practica! — 12
- ☐ ¡Dibujar! — 13
- ☐ Las Formas — 14
- ☐ ¡Practica! — 15
- ☐ Preguntas — 16
- ☐ ¡Coloreamos! — 17, 18
- ☐ ¡Acción! — 19

☐ II: House Animals & "To Have"

- ☐ Los Animales de la Casa — 24-27
- ☐ ¿Cuál es tu animal favorito? — 27
- ☐ ¡Practica! — 28
- ☐ Sopa de Letras — 29
- ☐ ¡Dibujar! — 30
- ☐ El Género y el Español — 31
- ☐ ¡Pruébalo! — 32
- ☐ Artículos — 33
- ☐ ¡Pruébalo! — 34
- ☐ Artículos — 35
- ☐ Traducciones — 36
- ☐ Pronombres — 37
- ☐ ¡Pruébalo! — 38
- ☐ «Tener» — 39
- ☐ ¡Coloreamos! — 40
- ☐ Más Traducciones — 41

Table of Contents

- ☐ ¡Lectura! — 42
- ☐ Descripción Visual — 43

☐ **III: Vegetables & "To Want"**

- ☐ Los Vegetales — 48-52
- ☐ ¡Favoritos! — 53
- ☐ ¡Practica! — 54
- ☐ ¡Dibujar! — 55
- ☐ Sopa de Letras — 56
- ☐ Traducciones — 57
- ☐ «Querer» — 58
- ☐ Mas Traducciones — 59
- ☐ ¡Lectura! — 60
- ☐ Descripción Visual — 61
- ☐ Todos Juntos — 65

Symbols

Look for these symbols throughout your new workbook!

☐   TEACHER'S CHECK-BOX

🔊   AUDIO AVAILABLE*

When you see this one, 🔊 stop and listen carefully to a recording demonstrating how to say each vocabulary word.

Your <<maestra>> will use this one: ☐
Once you have learned a set of words, the boxes will be checked and you will be ready for the next set of vocabulary words!

*NOTE:

In addition to Spanish vocabulary pronunciation, a NARRATED VERSION of workbook instructions and grammar descriptions is also available.

Unidad I

Números, Colores y Formas

¡Bienvenido! - Welcome!

Way to go!

You made a great decision to learn SPANISH.
We are so proud of you!

So many amazing doors and opportunities will open up to you through your studies.

Just keep up the good work, and don't forget to look for the secret fun!

Let's get started!

"Hola" is how we say "Hello."

"Adiós" is how we say "Good bye."

Los Números

Practice writing the Spanish word for each number at least four times.

1 ●

uno _____ _____ _____ _____

2 ● ●

dos _____ _____ _____ _____

3 ● ● ●

tres _____ _____ _____ _____

4 ● ● ● ●

cuatro _____ _____ _____ _____

5 ● ● ● ● ●

cinco _____ _____ _____ _____

6 ● ● ● ● ● ●

seis _____ _____ _____ _____

Los Números

Practice writing the Spanish word for each number at least four times.

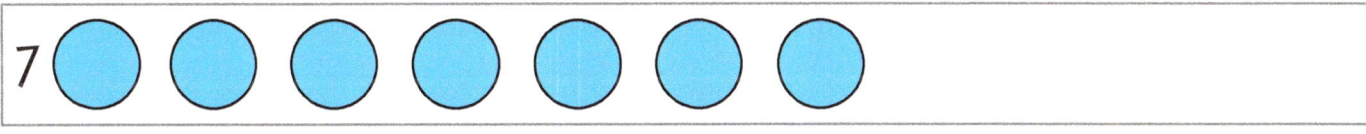

siete _____ _____ _____ _____

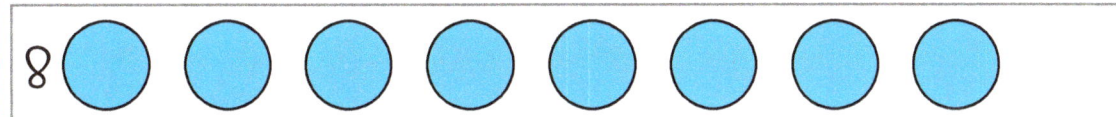

ocho _____ _____ _____ _____

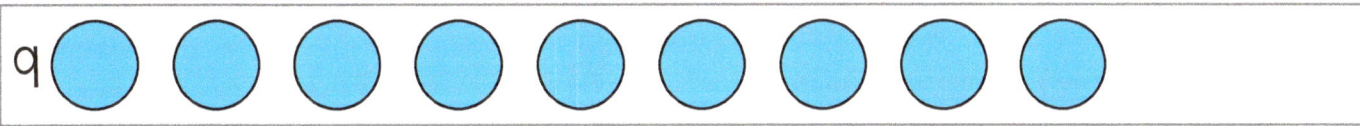

nueve _____ _____ _____ _____

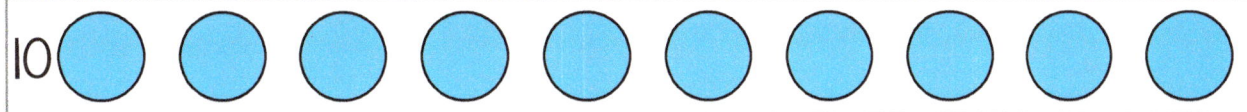

diez _____ _____ _____ _____

Can we count it higher? Oh yeah...

11 once _____   16 dieciséis _____
12 doce _____   17 diecisiete _____
13 trece _____   18 dieciocho _____
14 catorce _____ 19 diecinueve _____
15 quince _____   20 veinte _____

Los Números

¡CONTANDO POR DIEZ!

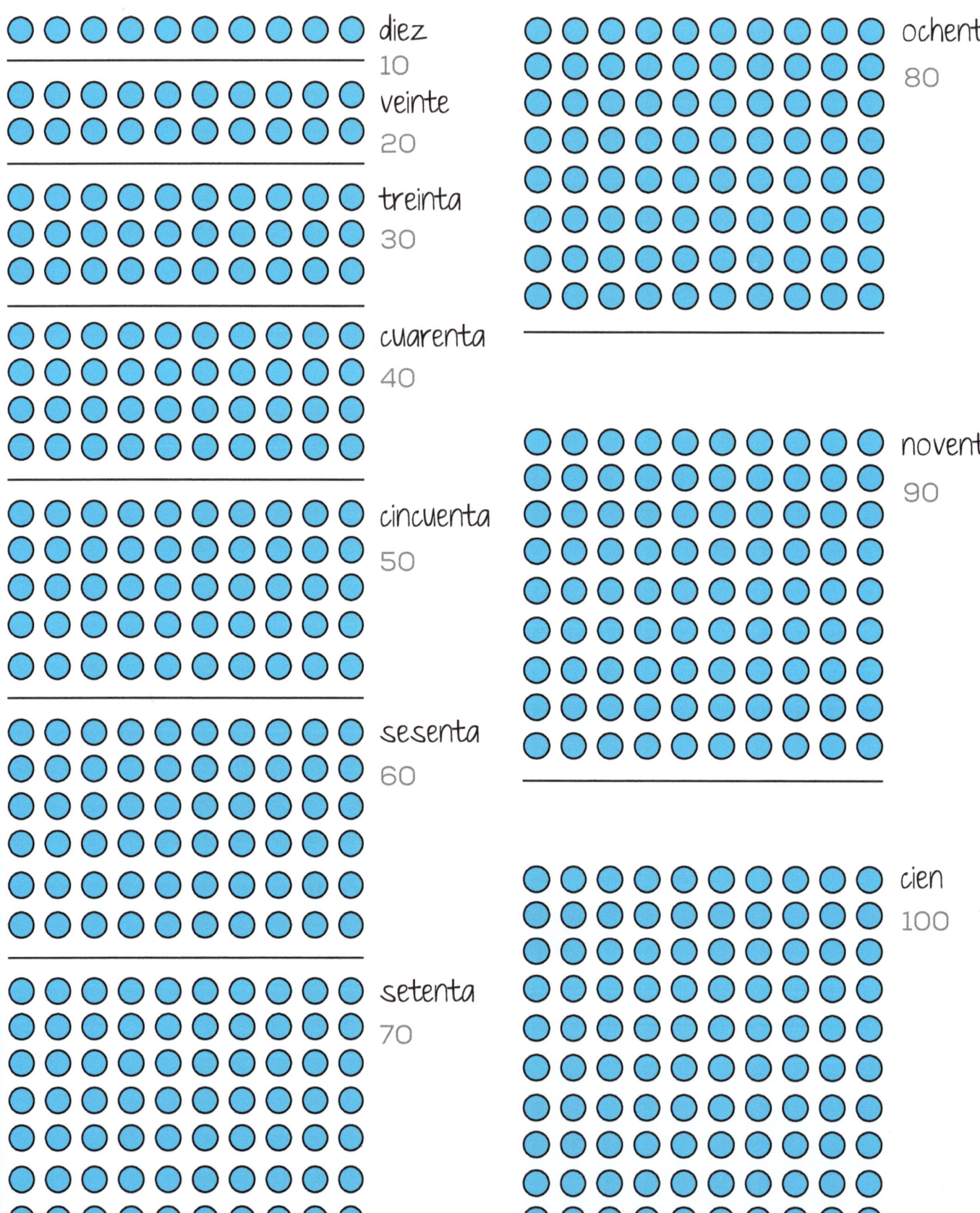

Los Números

TODO LO DE EN MEDIO

What about all the numbers in between? Like 27, or 53, or 99?
This is how we do it!

The 20'S

So, the 20's are a little funky.
Do you remember how to say 20 in Spanish? - <u>Veinte</u>, right?
In order to be able to say 21, we are going to change the <u>veinte</u> to <u>veinti</u> and then add the number <u>uno</u> to make: <u>veintiuno</u>.

20 veinte   25 veinticinco
21 veintiuno   26 veintiséis
22 veintidós   27 veintisiete
23 veintitrés   28 veintiocho
24 veinticuatro   29 veintinueve

Notice that sometimes we need an accent!

EVERYTHING ELSE

Okay, so enough with the complicated stuff!
For the rest of it, just put an "y" (and) in between
your tens and units and we have a deal!

36 treinta y seis   73 setenta y tres
42 cuarenta y dos   76 setenta y seis
51 cincuenta y uno   88 ochenta y ocho
57 cincuenta y siete   95 noventa y cinco
64 sesenta y cuatro   99 noventa y nueve

¡Escribir!

Write each of the numbers in the boxes below.

tres	once	siete
veintidós	noventa y tres	trece
cuatro	setenta y seis	cuarenta y cinco
cincuenta y tres	treinta y nueve	ochenta y cuatro

¡Anda a Pescar!

"¡Anda a pescar!" is how we say "Go Fish!" in Spanish.
Here are the phrases we need to play:

Do you have a _____ ?	¿Tienes un _____ ?
Yes, I have one.	¡Si lo tengo!
No, I don't have it. Go fish!	No lo tengo, ¡Anda a pescar!
Thank you.	Gracias.

Los Colores

Practice writing the Spanish word for each color at least four times.

☐ red — rojo   rojo _____ _____ _____

☐ orange — anaranjado   anaranjado _____ _____

☐ yellow — amarillo   amarillo _____ _____ _____

☐ green — verde   verde _____ _____ _____

☐ blue — azul   azul _____ _____ _____

☐ purple — morado   morado _____ _____

10

Los Colores

Practice writing the Spanish word for each color at least four times.

☐ pink — rosado   rosado ___ ___ ___ ___

☐ sky blue — azul celeste   azul celeste ___ ___ ___

☐ brown — café   café ___ ___ ___ ___

☐ black — negro   negro ___ ___ ___ ___

☐ white — blanco   blanco ___ ___ ___ ___

☐ gray — gris   gris ___ ___ ___ ___

¡Practica!

VOCABULARY PRACTICE!

Match each color to both its English and Spanish word.

English		Spanish
green	🟥	morado
purple	🟧	azul
blue	🟨	rojo
orange	🟩	amarillo
red	🟦	anaranjado
yellow	🟪	verde

English		Spanish
black	🟪(pink)	blanco
sky blue	🟦(light)	gris
white	⬛(dark gray)	negro
gray	⬛	azul celeste
pink	⬜	café
brown	⬛(gray)	rosado

¡Dibujar!

Draw something in each of the colors in the boxes below.

amarillo	azul celeste	negro
anaranjado	morado	gris
azul	rojo	rosado
blanco	café	verde

Las Formas

el círculo
☐ circle

el cuadrado
☐ square

el rectángulo
☐ rectangle

el óvalo
☐ oval

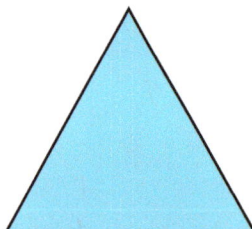

el triángulo
☐ triangle

el rombo
☐ diamond

el pentágono
☐ pentagon

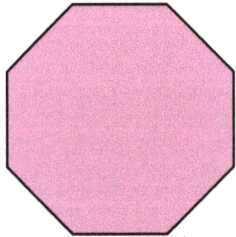

el octágono
☐ octagon

el corazón
☐ heart

la estrella
☐ star

la luna
☐ crescent

el hexágono
☐ hexagon

¡Practica!

VOCABULARY PRACTICE!

Match each shape to both its English and Spanish word.

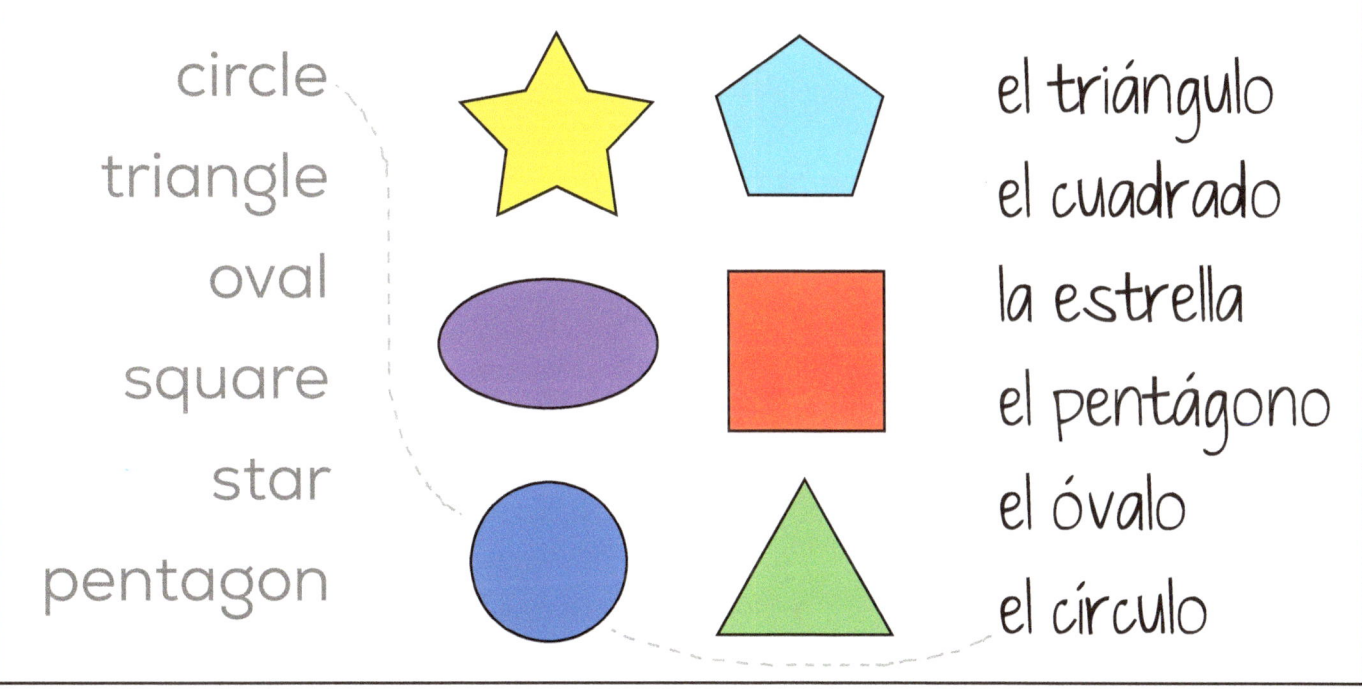

Preguntas

¿De qué color es...?   What color is...?

1. ¿De qué color es el triángulo?
   El triángulo es...

2. ¿De qué color es el octágono?
   _____

3. ¿De qué color es la estrella?
   _____

4. ¿De qué color es el óvalo?
   _____

5. ¿De qué color es el cuadrado?
   _____

¿Cuál forma es..?   Which shape is...?

1. ¿Cuál forma es rosada?
   _____

2. ¿Cuál forma es amarilla?
   _____

3. ¿Cuál forma es morada?
   _____

4. ¿Cuál forma es verde?
   _____

5. ¿Cuál forma es azul?
   _____

¡Coloreamos!

1. rojo	4. verde	7. rosado
2. anaranjado	5. azul	8. negro
3. amarillo	6. morado	9. café

Remember: Areas without numbers can remain <<BLANCO>>

¡Coloreamos!

1. rojo	4. verde	7. rosado
2. anaranjado	5. azul	8. negro
3. amarillo	6. morado	9. café

Remember: Areas without numbers can remain <<BLANCO>>

¡Acción!

Let's put it all together!
Read the phrases below and draw what it says in each box.

cinco corazones negros	cuatro cuadrados cafés	nueve estrellas amarillas
un triángulo gris	dos hexágonos verdes	dos óvalos anaranjados
tres pentágonos blancos	siete lunas moradas	seis círculos rojos
doce rectángulos azul celestes	un octágono rosado	ocho rombos azules

Revisión

LOS NÚMEROS:

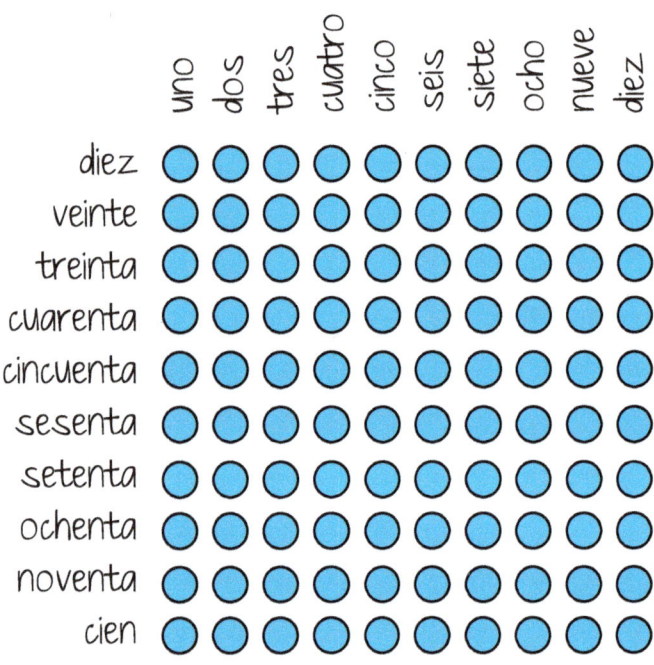

LAS FORMAS:

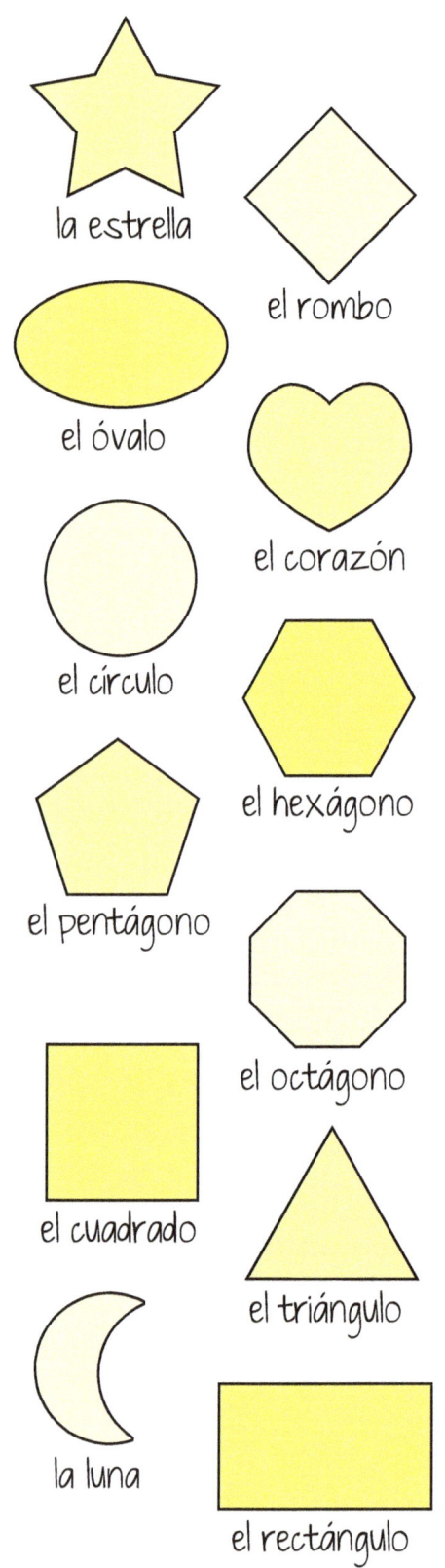

LOS COLORES:

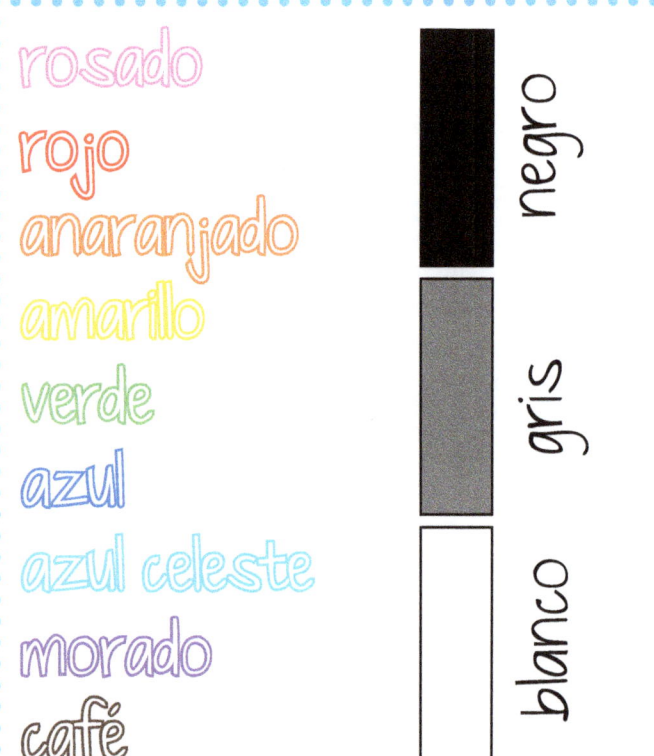

Prueba - Nivel 1·1

Nombre _____

Use the following row of shapes to answer questions 1 - 4.
¡EN ESPAÑOL, POR FAVOR!

1) ¿Cuántos círculos son azules? _____

2) ¿Cuántos círculos son anaranjados? _____

3) ¿Cuántos círculos son rosados? _____

4) ¿Cuántos círculos son verdes? _____

Circle the correct word to match each sentence to its picture.

5) Es una estrella / luna amarilla.

6) Es un óvalo rojo / morado.

7) Es un hexágono / octágono azul celeste.

8) Es un corazon blanco / gris.

Circle the word that makes each sentence describe the picture.

9)	10)	11)
siete rectángulos cafes	diez lunas rojas	cinco pentágonos negros

Prueba - Nivel 1·1

_____
Nombre

How many circles are in each group?
Write your answer in the space provided.
¡EN ESPAÑOL, POR FAVOR!

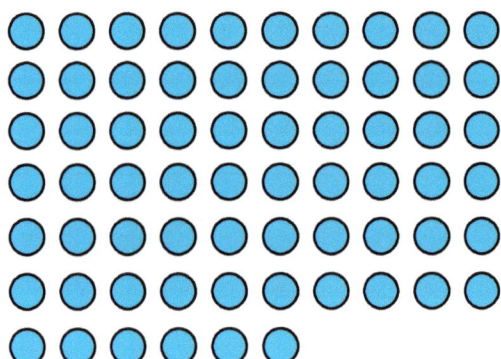

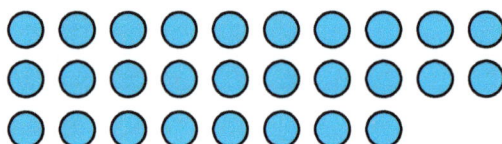

12) _____ 13) _____

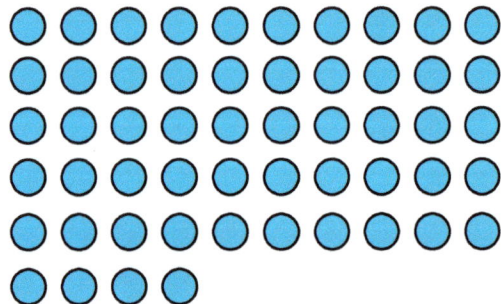

14) _____ 15) _____

TEACHER'S CORNER

Progress Score:

Numbers_____
Colors_____
Shapes_____

QUIZ_____

Ready for Level 1-2 ?

Unidad II
Los Animales de la Casa y «Tener»

Los Animales de la Casa

Practice writing the Spanish word for each animal at least four times.

el perro
☐ dog

el perro

_____   _____

_____   _____

el hámster
☐ hamster

el hámster

_____   _____

_____   _____

la tortuga
☐ turtle

la tortuga

_____   _____

_____   _____

el conejo
☐ rabbit

el conejo

_____   _____

_____   _____

Los Animales de la Casa

el pez
☐ fish

el pez   un pez

los peces   dos peces

When there's more than one pez, we say "peces."

la lagartija
☐ lizard

la lagartija

la rana
☐ frog

la rana

el dinosaurio
☐ dinosaur

el dinosaurio

Los Animales de la Casa

el gato
☐ cat

el gato
_____

_____

el pájaro
_____

_____

el pájaro
☐ bird

el hurón
☐ ferret

el hurón
_____

_____

la mariposa
_____

_____

la mariposa
☐ butterfly

Los Animales de la Casa

el cuyo
☐ guinea pig

el cuyo

el caracol
☐ snail

el caracol

¿Cuál es tu animal favorito?

Draw your favorite of the animals you just learned in the box.

Mi animal favorito es _____
y es de color _____.

¡Practica!

VOCABULARY PRACTICE!

In the corresponding space, write the Spanish word for each animal.

1) el cuyo
2) _____
3) _____
4) _____
5) _____
6) _____
7) _____

1) _____
2) _____
3) _____
4) _____
5) _____
6) _____
7) _____

Sopa de Letras

```
C O N E J O X R A N A K H E N
K U L V C E S F Y Z U Q U A I
P Z I L H N V B P E R R O Q I
A E T K U O L T R S K S E T Y
L K O P R A H G F R I Y K N M
C I R B O D I N O S A U R I O
C S T I N L N P P Q Z A N L X
U P U W X P A J A R O A R G H
Y L G N U M W J N B O U I A A
O U A I N G O E Z J M U B T M
O L P N R W Q I O A B L N O S
O L J H W C A R A C O L Q E T
K W M I O L N Q S S R Z N R E
P L A G A R T I J A E Q Z A R
K L W U A M A R I P O S A Z R
```

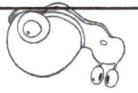

Banco de Palabras

Find the following words in Spanish in the puzzle above.

FERRET   BUTTERFLY   SNAIL
FROG   HAMSTER   DINOSAUR
FISH   GUINEA PIG   LIZARD
DOG   TURTLE   BIRD
CAT   RABBIT

¡Dibujar!

Draw what is described in each of the boxes below.

3 caracoles negros	5 gatos blancos	7 cuyos morados
2 perros cafés	4 hurones grises	9 peces amarillos
10 tortugas verdes	3 mariposas rojas	Un hámster azul
5 dinosaurios celestes	4 pájaros azules	Una rana roja

El Género y el Español

GENDER AND THE SPANISH LANGUAGE... what on earth could the two have to do with one another? We wondered that at first too! But Spanish and <u>lots</u> of other languages use gender.

What this means is that EVERYTHING in Spanish has been assigned either a **MASCULINE** (boy) or **FEMININE** (girl) identity.

BASIC O/A RULE: In Spanish, the ending of a word tells us its gender.
Words ending with **O** are **MASCULINE** (boy).
Words ending with **A** are **FEMININE** (girl).

At times this makes sense and gives us information about the actual gender of something. <u>For example:</u>

niñ**o** = boy
niñ**a** = girl

and

abuel**o** = grandfather
abuel**a** = grandmother

But as soon as we start talking about something other than a person or an animal, the gender assignment simply makes no sense. <u>Check it out:</u>

vestid**o** = a girl's dress (masculine)
corbat**a** = a man's necktie (feminine)

So, start paying attention to word endings and remember the **BASIC O/A RULE**!

But wait just a second. Have you noticed that plenty of words don't end in **o** or **a**? Spanish is full of **REBELS** who don't follow the **BASIC RULES**. But hey, even **REBELS** have rules. You're going to need to know some **REBEL O/A RULES** to keep things organized.

MASCULINE WORDS
★ End in **o**
★ End in an accented vowel
★ End in a consonant (<u>not</u> **d** or **z**)
★ Sometimes end in **ma, pa, ta**
★ Often end in **e**

FEMININE WORDS
★ End in **a**
★ End in **ión**
★ End in **d** or **z**
★ End in **dad**
★ End in **umbre**
★ Sometimes end in **e**

¡Pruébalo!

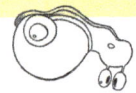

Let's try it out!

Place an **M** next to masculine words and an **F** next to feminine words.

_____	pájaro	_____	oveja
_____	niña	_____	silla
_____	gato	_____	triángulo
_____	cuyo	_____	escuela
_____	tortuga	_____	luna
_____	conejo	_____	baño
_____	dinosaurio	_____	rombo
_____	mariposa	_____	lavabo
_____	perro	_____	estrella
_____	oso	_____	universidad
_____	abuela	_____	mesa
_____	hermano	_____	costumbre
_____	rectángulo	_____	cortina
_____	piña	_____	zapato
_____	plátano	_____	sombrero
_____	cuadrado	_____	puerta

Artículos

So...why do I care about all this gender stuff anyway?

Okay, that is a totally valid question. What does figuring out the gender have to do with the price of tuna fish in Spain?

In Spanish, articles (and adjectives) **SHAPE SHIFT** to match their noun!

Here's the deal: The gender assignment of a noun is going to change its article. In English all words can use the article "the" but in Spanish there are four different ways of saying "the!" Overkill, we know, so let's all appreciate English for a minute...

THE WORD "THE"

In Spanish, **THE** changes based on the gender of the word:

EL = the (masculine)
LA = the (feminine)

Now hold the phone. That's only two.
Well, if there's only one of something, then we use el or la, but...
If the word is plural (meaning more than one):

LOS = the (masculine)
LAS = the (feminine)

LET'S RECAP IT:

How many?	Masculine	Feminine
1	☐ el	☐ la
2+	☐ los	☐ las

Also, the gender assisgnment of a noun changes any adjectives attached to it. Depending on the gender (and number), in order to describe something pink, you might say rosado, rosada, rosados, or rosadas.

¡Pruébalo!

Let's try it out!

Write "the" in Spanish by placing el, la, los, or las next to each word.

_____	pájaro	_____	oveja
_____	niña	_____	sillas
_____	gatos	_____	vaso
_____	cuyo	_____	escuela
_____	tortugas	_____	casa
_____	conejo	_____	baños
_____	dinosaurio	_____	jugo
_____	mariposa	_____	lavabo
_____	perro	_____	sillas
_____	osos	_____	universidad
_____	abuelas	_____	mesa
_____	hermano	_____	costumbres
_____	tío	_____	cortina
_____	piñas	_____	zapato
_____	plátanos	_____	sombrero
_____	cerdo	_____	puertas

Artículos

Okay, so we already know that there are four different ways to say "the." But there are also four ways to say "a," "an," and "some."

So just like with "the", **THE WORD "A"** changes based on the gender of the word.
So, if you wanted to say "I have a fish," or "I have an apple"...

UN = a or an (masculine)
UNA = a or an (feminine)

But that's just two ways.
Well, if there is only one of something, then we use un or una, but...

If the word is plural (meaning more than one):

UNOS = some (masculine)
UNAS = some (feminine)

LET'S RECAP IT:

How many?	Masculine	Feminine
1	☐ un	☐ una
2+	☐ unos	☐ unas

Let's try it out!
Write "a," "an," or "some" in Spanish by placing un, una, unos, or unas next to each word.

_____ pájaro   _____ abuelas

_____ niña   _____ hermano

_____ gatos   _____ tío

_____ cuyo   _____ piñas

_____ tortugas   _____ plátanos

_____ conejo   _____ cerdo

Traducciones

Translate each phrase from Spanish to English, or English to Spanish.
(Remember that in Spanish, adjectives usually come <u>after</u> the noun.)

1) Unas tortugas rosadas.
_____

2) El pájaro amarillo.
_____

3) El cuyo café
_____

4) Los gatos negros.
_____

5) Las ranas anaranjadas.
_____

6) The white butterfly.
_____

7) The orange hamsters.
_____

8) Some black dogs.
_____

9) The green dinosaur.
_____

10) The sky blue ferret.
_____

Pronombres

PRONOUNS are amazing helper words that we have to take the place of **NOUNS**.

What exactly is a **NOUN**?

A **NOUN** is a person, place or thing - such as: a squirrel, a marker or Katie.

A **PRONOUN** helps us in a sentence so that we don't have to say the full name of the **NOUN** over and over again.

For example:

KARLA LÓPEZ sits on the table. Then **KARLA LÓPEZ** stands up.

We can replace **KARLA LÓPEZ** with **SHE**.

The sentence then becomes:

SHE sits on the table. Then **SHE** stands up.

TAH DAH! Much easier. (sounds better too, right?)

LOS PRONOMBRES EN ESPAÑOL:

☐	yo I	☐	nosotros we
☐	tú you	☐	ustedes you (plural)
☐	él he	☐	ellos they (masculine)
☐	ella she	☐	ellas they (feminine)

¡Pruébalo!

Match each English PRONOUN with its Spanish equivalent.

she — ellas
I — nosotros
they (masculine) — yo
he — ella
we — él
you — tú
you (plural) — ustedes
they (feminine) — ellos

Wrtie the PRONOUN (en Español, por favor) that replaces the NOUN(S).

1) Lulú
   ella
   _____

2) Pepé
   _____

3) Lily y Marta
   _____

4) Bob y tú
   _____

5) Tres mariposas y yo
   _____

6) Marisol, Marta y Bob
   _____

7) Pepé y tú
   _____

8) Shazam y yo
   _____

9) Lulú y yo
   _____

10) Marta y el cuyo
    _____

«Tener»

The verb **TENER** means **TO HAVE** in Spanish.

In Spanish, just like in English, we need to <u>conjugate</u> our verb. What that means is that we have to change it slightly so that it <u>matches</u> the person we are talking about. Then we just add the thing we have.

TENER

☐	yo tengo I have	☐	nosotros tenemos we have
☐	tú tienes you have	☐	ustedes tienen you (plural) have
☐	él tiene he has	☐	ellos tienen they (masculine) have
☐	ella tiene she has	☐	ellas tienen they (feminine) have

CHECK IT OUT:

I have a dog.
(Yo tengo = I have) + (un perro = a dog).
Yo tengo un perro.

NO WAY!

In Spanish, to say "don't have" you just add a "no" in front of tener.

I don't have = Yo no tengo
You don't have = Tú no tienes
She doesn't have = Ella no tiene
We don't have = Nosotros no tenemos
You all don't have = Ustedes no tienen
They don't have = Ellos no tienen

Pretty easy, right? Now it's practice time!

¡Coloreamos!

Match each color with the correct form of the Spanish verb
<<TENER>>

"I have" = verde   "We have" = morado
"You have" = rosado
"She has" = café   "They have" = rojo

Remember: Areas without numbers can remain <<BLANCO>>

Más Traducciones

Translate each phrase from Spanish to English or English to Spanish.

1) Yo tengo tres pájaros azules.
___

2) Nosotros tenemos cinco ranas rojas..
___

3) Ella no tiene un gato gris.
___

4) Ellos tienen una lagartija anaranjada.
___

5) Ustedes no tienen un perro.
___

6) You have a black cat.
___

7) We have five purple butterflies.
___

8) She doesn't have a ferret.
___

9) They have some pink lizards.
___

10) He has a dinosaur.
___

¿Qué está escondido en esta página? What is hiding on this page?

¡Lectura!

Read the paragraph, then answer the questions below.

> Mi clase (class) tiene 8 niños. Todos los niños tienen una mascota (pet). Yo tengo un perro café con (with) negro. Mi perro se llama (is called) Lucho. Pepé no tiene un perro pero (but) él tiene cinco caracoles blancos. Bob tiene un conejo y dos pájaros. Un pájaro es verde y el otro es morado. Lulú y Rebe tienen un hurón. El hurón se llama Pelusa. Emma tiene un gato y un hámster gris. Su hámster se llama Flor y su gato se llama Bianca. Lily tiene quince mariposas pero no tiene un dinosaurio. Finalmente, Marta tiene una tortuga.

1) ¿Cuántos niños tienen mascotas?
   _____

2) ¿Cómo se llama el hámster de Emma?
   _____

3) ¿De qué color son los pájaros de Bob?
   _____

4) ¿Qué tiene Lily?
   _____

5) ¿Qué <u>no</u> tiene Lily?

Descripción Visual

Read the paragraphs below.
Draw what it says inside the box.

Bob tiene un perro blanco pero no tiene un gato gris. Emma tiene un pájaro azul y dos cuyos amarillos.

Bob

Emma

Pepé tiene cuatro lagartijas: una es verde, dos son moradas y una es amarilla. Su amiga Lily tiene dos gatos blancos y doce peces rojos. No tienen un gato gris, ni un conejo rosado. Su mamá tiene un caracol anaranjado.

Pepé

Lily

Una Revisión

LOS ANIMALES:

PRONOMBRES y TENER:

yo tengo I have	nosotros tenemos we have
tú tienes you have	ustedes tienen you (plural) have
él tiene he has	ellos tienen they (masculine) have
ella tiene she has	ellas tienen they (feminine) have

Prueba - Nivel 1.2

Nombre _____

> Circle the description that matches each animal.
> Be sure to pay attention to the ARTICLE!

1) El cuyo
   La cuyo

8) El hámster
   La hámster

2) La pájaro
   El pájaro

9) Los caracoles
   El caracol

3) Los peces
   El pez

10) El conejo
    El conejos

4) El dinosaurio
   El dinosauria

11) Los perros
    El perro

5) La rana
   El rana

12) La lagartija
    Las lagartijas

6) La mariposa
   El mariposa

13) La hurón
    El hurón

7) Las tortugas
   La tortuga

14) La gato
    El gato

Prueba - Nivel 1.2

_____
Nombre

Translate each sentence into Spanish using the verb TENER.

1) I have three yellow frogs.
_____

2) We have two grey cats.
_____

3) You have a white rabbit.
_____

4) He has four purple turtles.
_____

5) She has an orange bird.
_____

6) They have ten green fish.
_____

¡Bien hecho!

That means "Well done!"

TEACHER'S CORNER

Progress Score:

Animals_____
Articles_____
Pronouns_____
"To Have"_____

QUIZ_____

Ready for Level 1-3 ? ☐

Unidad III
Los Vegetales y «Querer»

Los Vegetales

Practice writing the Spanish word for each vegetable at least four times.

la alcachofa
☐ artichoke

la alcachofa

el pimiento
☐ bell pepper

el pimiento

el brócoli
☐ broccoli

el brócoli

el repollo
☐ cabbage

el repollo

Los Vegetales

la coliflor
☐ cauliflower

la coliflor

la zanahoria
☐ carrot

la zanahoria

el apio
☐ celery

el apio

el chile
☐ chili

el chile

Los Vegetales

el maíz
☐ corn

el maíz
_____   _____

_____   _____

el pepino
☐ cucumber

el pepino
_____   _____

_____   _____

la berenjena
☐ eggplant

la berenjena
_____   _____

_____   _____

los ejotes
☐ green beans

los ejotes
_____   _____

_____   _____

Los Vegetales

la lechuga
☐ lettuce

la lechuga

el hongo
☐ mushroom

el hongo

la cebolla
☐ onion

la cebolla

el chícharo
☐ pea

el chícharo

Los Vegetales

la papa
☐ potato

la papa

la calabaza
☐ pumpkin

la calabaza

el calabacín
☐ zucchini

el calabacín

el tomate
☐ tomato

el tomate

¡Favoritos!

¿CUÁL ES TU VEGETAL FAVORITO?

Draw your favorite one of our new vegetables in the box below.

Mi vegetal favorito es _____.

UNA ENSALADA MIXTA

Draw a picture of your favorite salad, and list at least 4 ingredients.

Mi ensalada tiene _____
_____.

¡Practica!

VOCABULARY PRACTICE!

In the corresponding space, write the Spanish word for each veggie.

1) _____
2) _____
3) _____
4) _____
5) _____
6) _____
7) _____

1) _____
2) _____
3) _____
4) _____
5) _____
6) _____
7) _____

¡Dibujar!

Draw what is described in each of the boxes below.

5 zanahorias anaranjadas	2 pepinos verdes	Un pimiento rojo
4 calabazas	Una berenjena	Unos ejotes
2 hongos grises	una coliflor blanca	3 papas rojas
2 cebollas moradas	4 chiles verdes	Un apio verde

Sopa de Letras

```
C H I C H A R O A N A K H E N
K U L V C E S F Y Z U P U A I
P E P I N O V B P E R I O Q I
A E T K U O L T R Z K M E C B
R K O P A P A G F R I I K O E
E I C B O D I A P I O E R L R
P Z A N A H O R I A T N N I E
O P L W X P A J A R T T R F N
L E A N U M W J N B O O I L J
H J B C E B O L L A M U B O E
O O A N R W Q I O A A L N R N
N T Z H W C A R A C T L Q E A
G E A F O L B F L O E Z N R E
O S P I M R E P O L L O Z A R
K L W U A C H I L E O S A Z R
```

Banco de Palabras

Find the following words in Spanish in the puzzle above.

CABBAGE GREEN BEANS EGGPLANT
CARROT MUSHROOM POTATO
CUCUMBER CHILI TOMATO
CELERY ONION BELL PEPPER
CAULIFLOWER PUMPKIN PEA

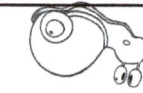

Traducciones

Translate each phrase from Spanish to English or English to Spanish.

1) Unas berenjenas rosadas.
_____

2) El apio amarillo.
_____

3) La zanahoria azul.
_____

4) Los pepinos negros.
_____

5) Los calabacines blancos.
_____

6) The brown mushroom.
_____

7) The orange pumpkin.
_____

8) Some black peas.
_____

9) The purple corn.
_____

10) The sky blue potato.
_____

¿Qué está escondido en esta página? What is hiding on this page? _____

«Querer»

The verb QUERER means TO WANT in Spanish.

In Spanish, just like in English, we need to <u>conjugate</u> our verb. What that means is that we have to change it slightly so that it <u>matches</u> the person who is speaking. Then we just add the thing we want.

QUERER

☐	yo quiero I want	☐	nosotros queremos we want
☐	tú quieres you want	☐	ustedes quieren you (plural) want
☐	él quiere he wants	☐	ellos quieren they want (masc.)
☐	ella quiere she wants	☐	ellas quieren they want (fem.)

CHECK IT OUT:
I want a dog.
(Yo quiero = I want) + (un perro = a dog).
Yo quiero un perro.

¡PRUÉBALOS!

Draw a line to match each English sentence with its Spanish equivalent.

She wants a red bell pepper.	Él quiere dos cebollas azules.
He wants two blue onions.	Yo quiero cinco calabazas anaranjadas.
They want six purple artichokes.	Ella quiere un pimiento rojo.
I want five orange pumpkins.	Ellos quieren seis alcachofas moradas.

Más Traducciones

Translate each phrase from Spanish to English or English to Spanish.

1) Yo quiero cuatro calabazas y un pepino.
   _____

2) Nosotros queremos apio y zanahorias.
   _____

3) Ella no quiere hongos.
   _____

4) Ellos tienen una papa pero quieren coliflor.
   _____

5) El perro no quiere lechuga.
   _____

6) You want cabbage.
   _____

7) We want six green tomatoes.
   _____

8) She doesn't want your broccoli.
   _____

9) They want three yellow onions.
   _____

10) He wants a purple eggplant but he has a green zucchini.
    _____

¿Qué está escondido en esta página? What is hiding on this page?

¡Lectura!

Read the paragraph, then answer the questions below.

Soy Lulú, mi mamá y yo vamos (we go) mucho al supermercado. Yo siempre (always) quiero comprar (to buy) vegetales. Yo quiero hongos, pepino, lechuga, y zanahorias. Mi mamá quiere berenjena, calabacín y brócoli pero mi papá no quiere berenjena. Él quiere papas, ejotes y maíz. Yo tengo un hermano (brother). Mi hermano no quiere ejotes pero quiere lechuga y hongos.

1) ¿Qué quiere la mamá de Lulú?
_____

2) ¿Qué quiere Lulú?
_____

3) ¿Qué quiere el papá de Lulú?
_____

4) ¿Qué no quiere el papá de Lulú?
_____

5) ¿Qué quiere el hermano de Lulú?
_____

Descripción Visual

Read the paragraphs below.
Draw what it says inside the box.

Bob tiene una ensalada grande con mucha lechuga, dos zanahorias, cuatro pepinos y tres tomates. Él quiere cinco papas moradas.

Bob

Rebe tiene hambre y ella quiere sopa con ocho chícharos, un apio, una cebolla, siete hongos, tres berenjenas y nueve ejotes...¡oh! ella tiene <u>mucha</u> hambre y ella también quiere una calabaza en su sopa.

Rebe

Una Revisión

LOS VEGETALES:

PRONOMBRES y QUERER:

yo quiero I want	nosotros queremos we want
tú quieres you want	ustedes quieren you (plural) want
él quiere he wants	ellos quieren they (masculine) want
ella quiere she wants	ellas quieren they (feminine) want

Prueba - Nivel 1.3

Nombre _____

Draw a line to match each vegetable with its name in SPANISH!

1) el pimiento — el repollo — la alcachofa

el apio — la lechuga — la cebolla

2) la zanahoria — la coliflor — el brócoli

el pepino — el tomate — la berenjena

3) el hongo — el calabacín — el chícharo

los ejotes — la papa — el chile

Fill in the blanks to write the name of each vegetable in SPANISH!

4)  _ _ _ l _ _ _ a   5)  _ a _ _

Prueba - Nivel 1.3

_____
Nombre

Translate each sentence into Spanish using the verb QUERER.

1) I want three purple carrots.
_____

2) We want two yellow onions.
_____

3) You want broccoli.
_____

4) He wants ten red chilis!
_____

5) She wants an orange pumpkin.
_____

6) They want celery.
_____

TEACHER'S CORNER

Progress Score:

Vegetables_____
"To Want"_____

QUIZ_____

Ready for final work ? ☐

Todos Juntos

Translate each phrase from Spanish to English or English to Spanish.

1) Yo tengo diez calabazas anaranjadas.
___

2) Él quiere tres mariposas blancas y rojas.
___

3) Ellas tienen cinco conejos morados.
___

4) Nosotros queremos un dinosaurio amarillo.
___

5) Tú tienes nueve peces rosados.
___

6) I want seven sky blue hearts.
___

7) She has eight green octagons.
___

8) They want two brown turtles.
___

9) We have thirty white onions.
___

10) You want a grey dog.
___

Una Revisión

Fill in the blanks to complete this review of LEVEL 1 SPANISH.

LOS NÚMEROS:

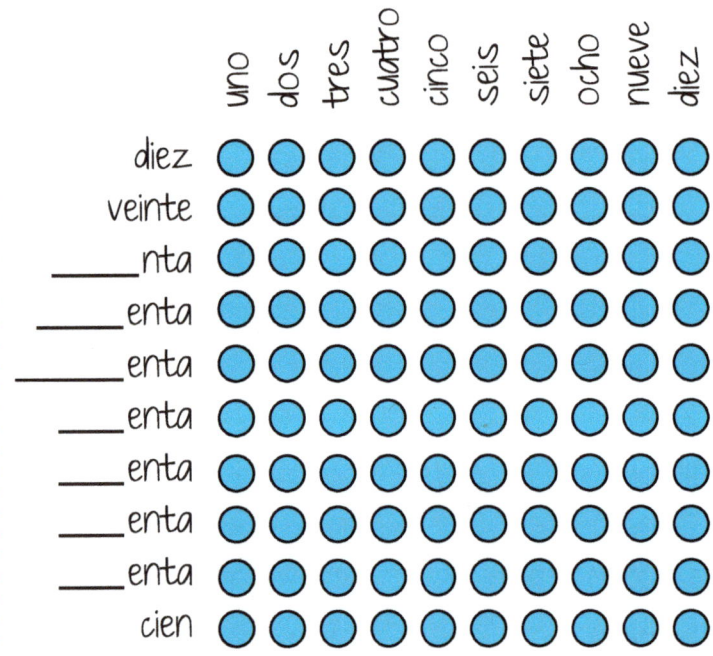

LAS FORMAS:

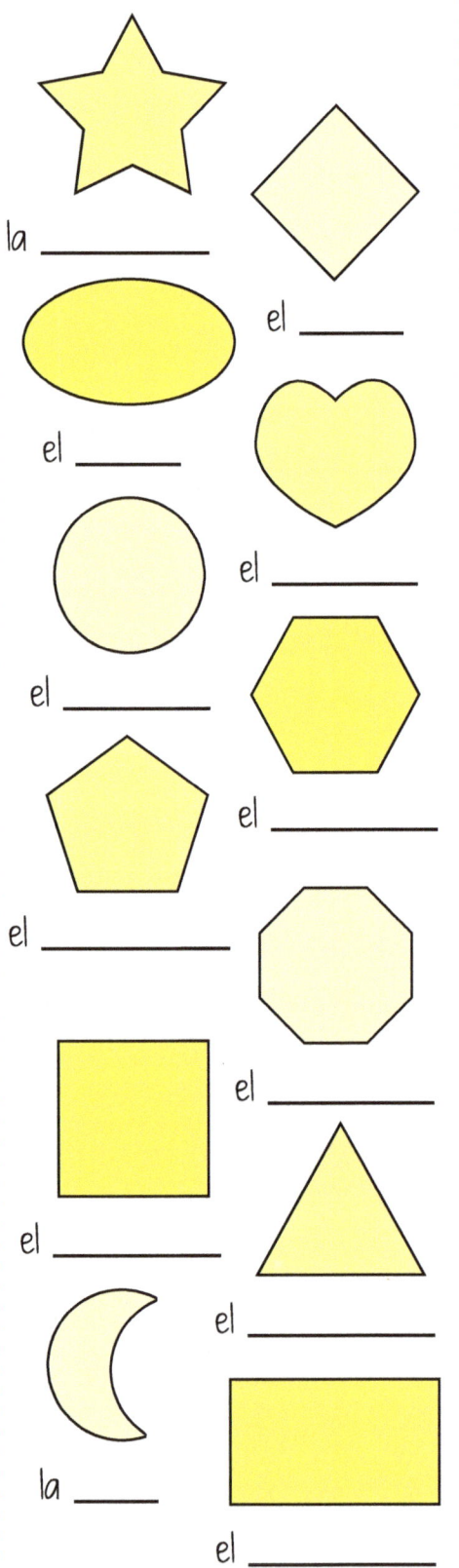

LOS COLORES:

ros_do
ro_o
_naranjado
amar_llo
ve_de
az_l
azul _eleste
m_rado
caf_

Una Revisión

Fill in the blanks to complete this review of LEVEL I SPANISH.

LOS ANIMALES:

PRONOMBRES y TENER:

___ tengo	___ tenemos
I have	we have
___ tienes	___ tienen
you have	you (plural) have
___ tiene	___ tienen
he has	they (masculine) have
ella tiene	ellas tienen
she has	they (feminine) have

Una Revisión

Fill in the blanks to complete this review of LEVEL I SPANISH.

LOS VEGETALES:

PRONOMBRES y QUERER:

yo quier_ I want	nosotros quer____ we want
tú quier_ you want	ustedes quier__ you (plural) want
él quier_ he wants	ellos quier__ they (masculine) want
ella quier_ she wants	ellas quier__ they (feminine) want

Prueba Final - Nivel 1

_____
Nombre

Draw a line to match each picture with its correct description. Note that you will not use all of the phrases.
Pay special attention to ARTICLE and GENDER.

⭐	el luna blanco	◆	la romba negra
	la estrella anaranjada		el corazón amarillo
🥚	la estrella amarilla	💜	el hexágono gris
	el óvalo verde		el octágono rojo
🔴	el cuadrado amarillo	⬢	el rombo negro
	la óvalo verde		el corazón morado
⬟	el círculo rosado		el hexágono rojo
	el círculo azul	🟧	la octágonoroja
🟨	la pentágono azúl	🔺	el triángulo azul celeste
	el cuadrado blanco		la rectángulo café
🌙	la luna blanca	▬	el triángulo verde
	el pentágono azul		el rectángulo café

Prueba Final - Nivel 1

_____
Nombre

Translate each sentence into Spanish using the verb TENER.

1) I have carrots and artichokes.
   _____

2) We have lettuce and forty onions.
   _____

3) You all have broccoli.
   _____

4) He doesn't have potatoes.
   _____

5) They don't have peas.
   _____

Read each sentence, then circle the item(s) each character has.

6) Bob tiene dos calabacines.

7) Marta tiene un cuyo.

8) Lily y Emma tienen dos caracoles.

9) Pepé tiene coliflor y apio.

10) Lulú tiene ejotes y hongos.

Prueba Final - Nivel 1

Nombre _____

Translate each sentence into Spanish using the verb QUERER.

1) I want two brown dogs.
_____

2) We want four yellow butterflies.
_____

3) You want eight green frogs.
_____

4) She wants fifty grey ferrets!
_____

5) They want a blue lizard.
_____

★ ★ ★ ★ ★ ★ ★ ★ ★ ★ ★ ★ ★ EL FIN ★ THE END ★ ★ ★ ★ ★ ★ ★ ★ ★ ★ ★ ★ ★

¡Vamos!

That means "Let's go!"

TEACHER'S CORNER

Progress Score:

Level 1-1 _____
Level 1-2 _____
Level 1-3 _____

FINAL QUIZ _____

Ready for Level 2 ? ☐

¡Felicidades!

CONGRATULATIONS!

You have completed
Level One Spanish!

We are so very proud of you!

We hope that you will use all that you have learned out in the world every day and share your love of Spanish with everyone!

Next up?!

Level Two Spanish!

ESPAÑOL ②

!Hasta pronto!

Check us out on the web at:
www.LanguageSprout.com

Language Sprout
¡Felicidades!
Congratulations!

Nombre: _____
name

You have completed
ESPAÑOL 1

¡Estamos muy orgullosos de ti!

★ BONUS ★
Matching Cards

Cut out the cards on the following pages and use them often!

Paste your storage envelope here.

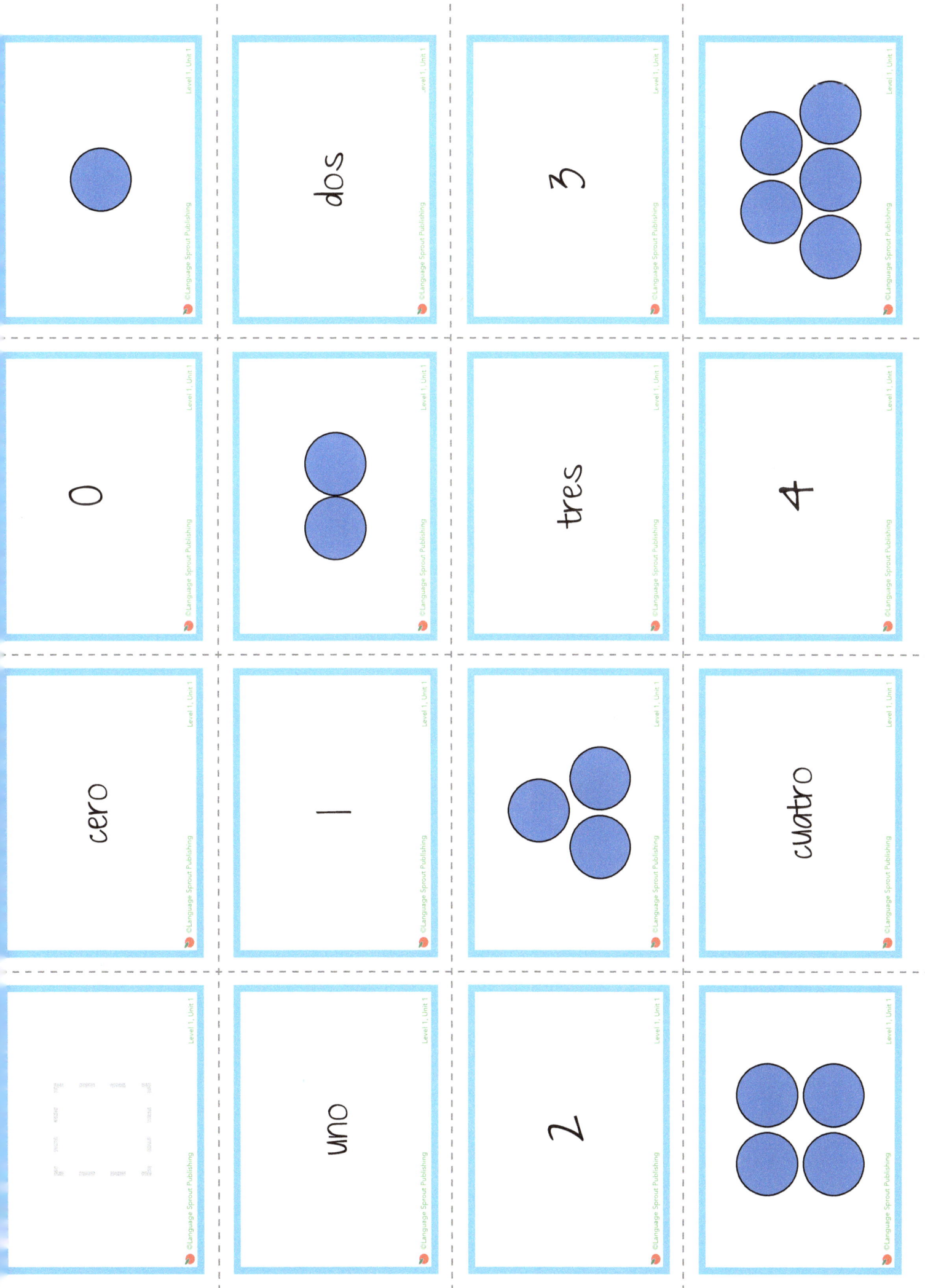

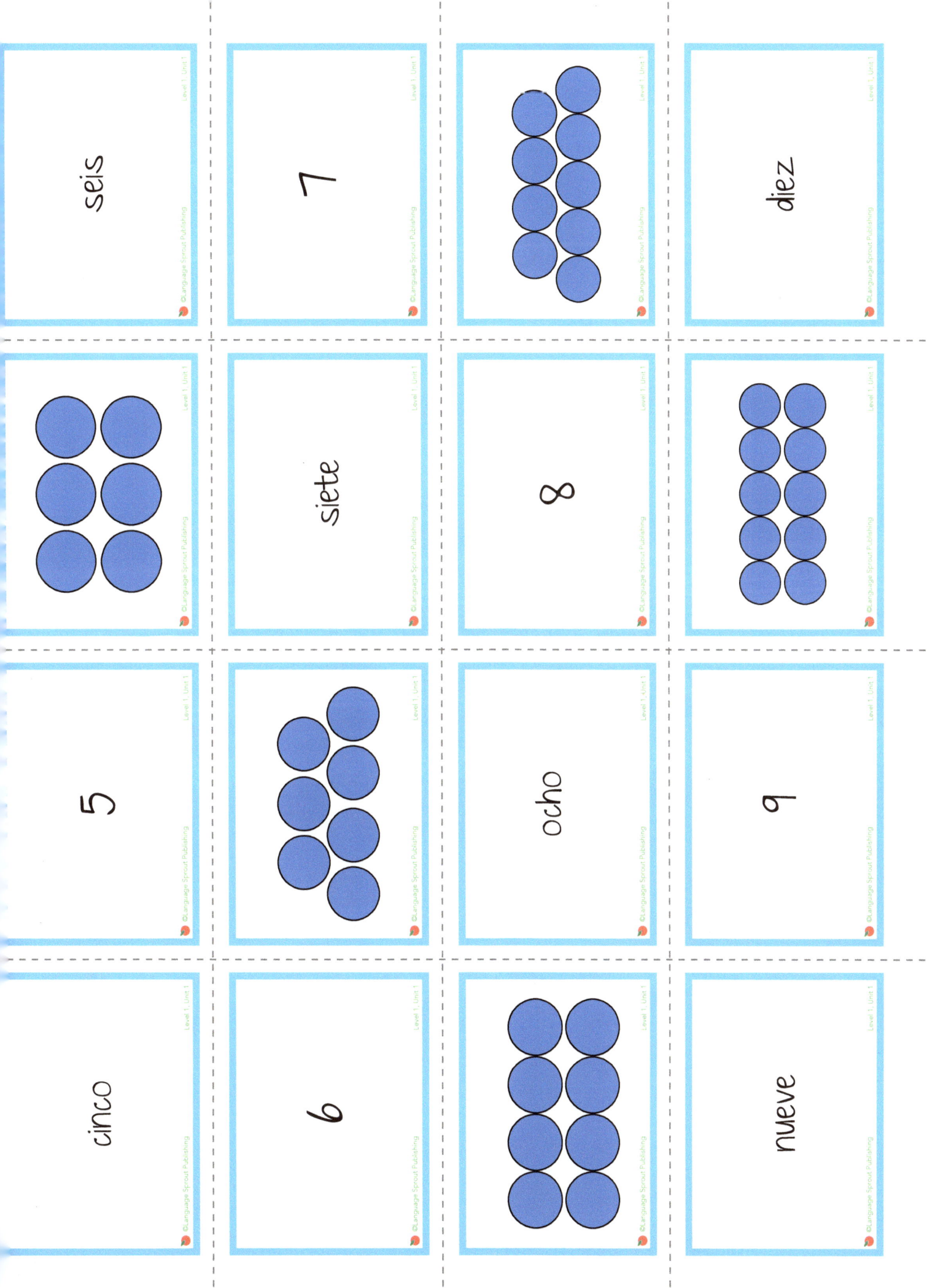

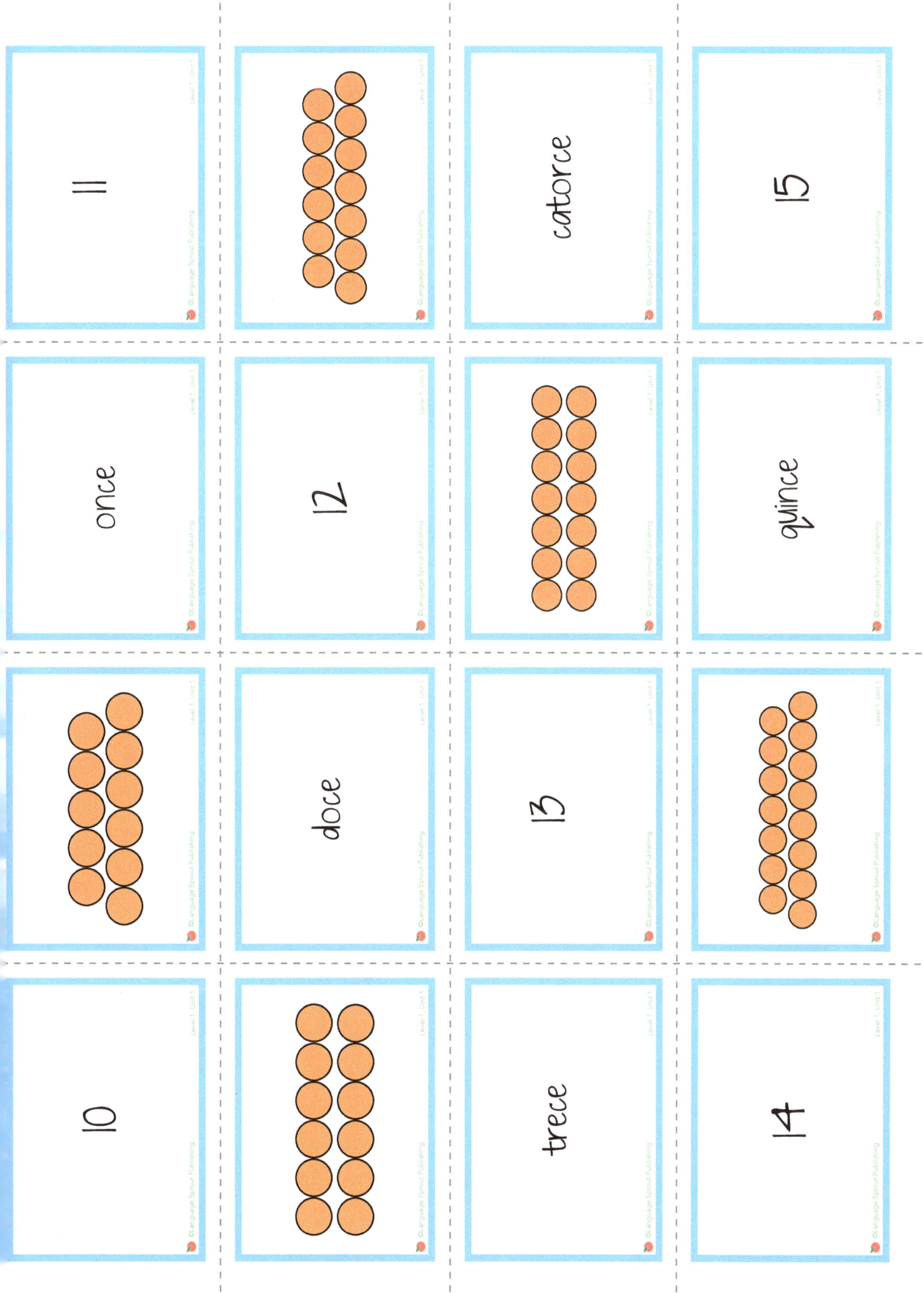

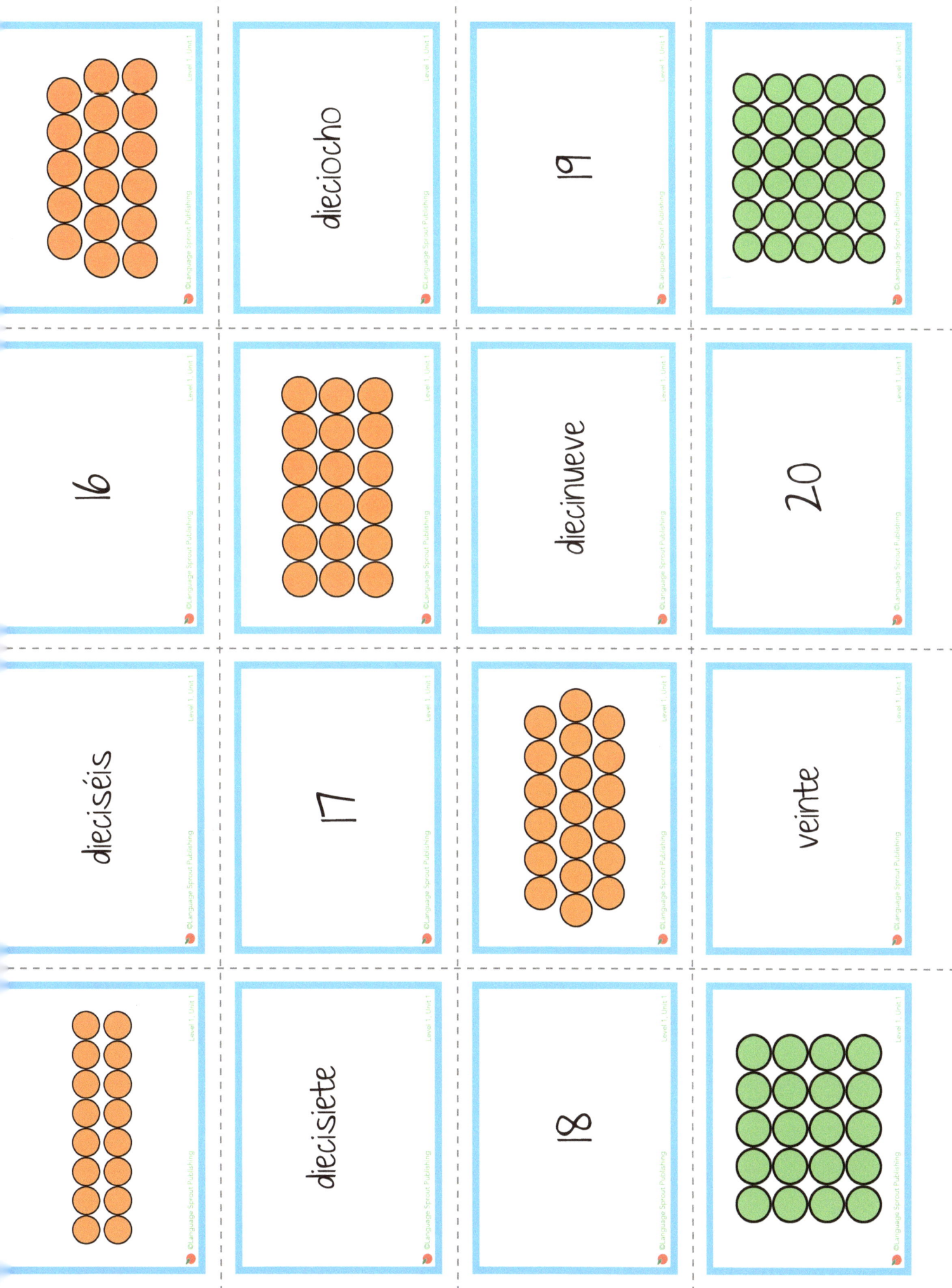

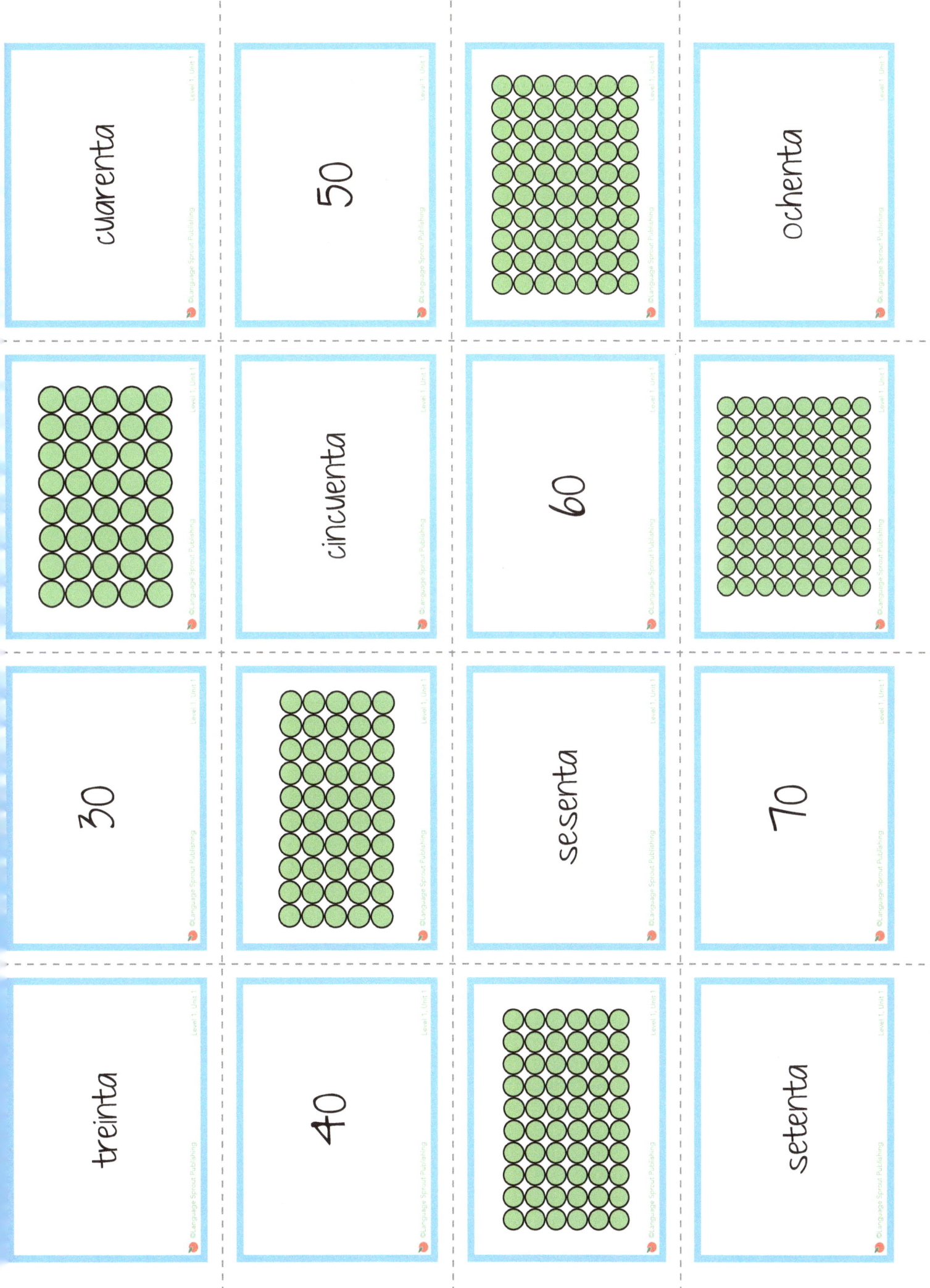

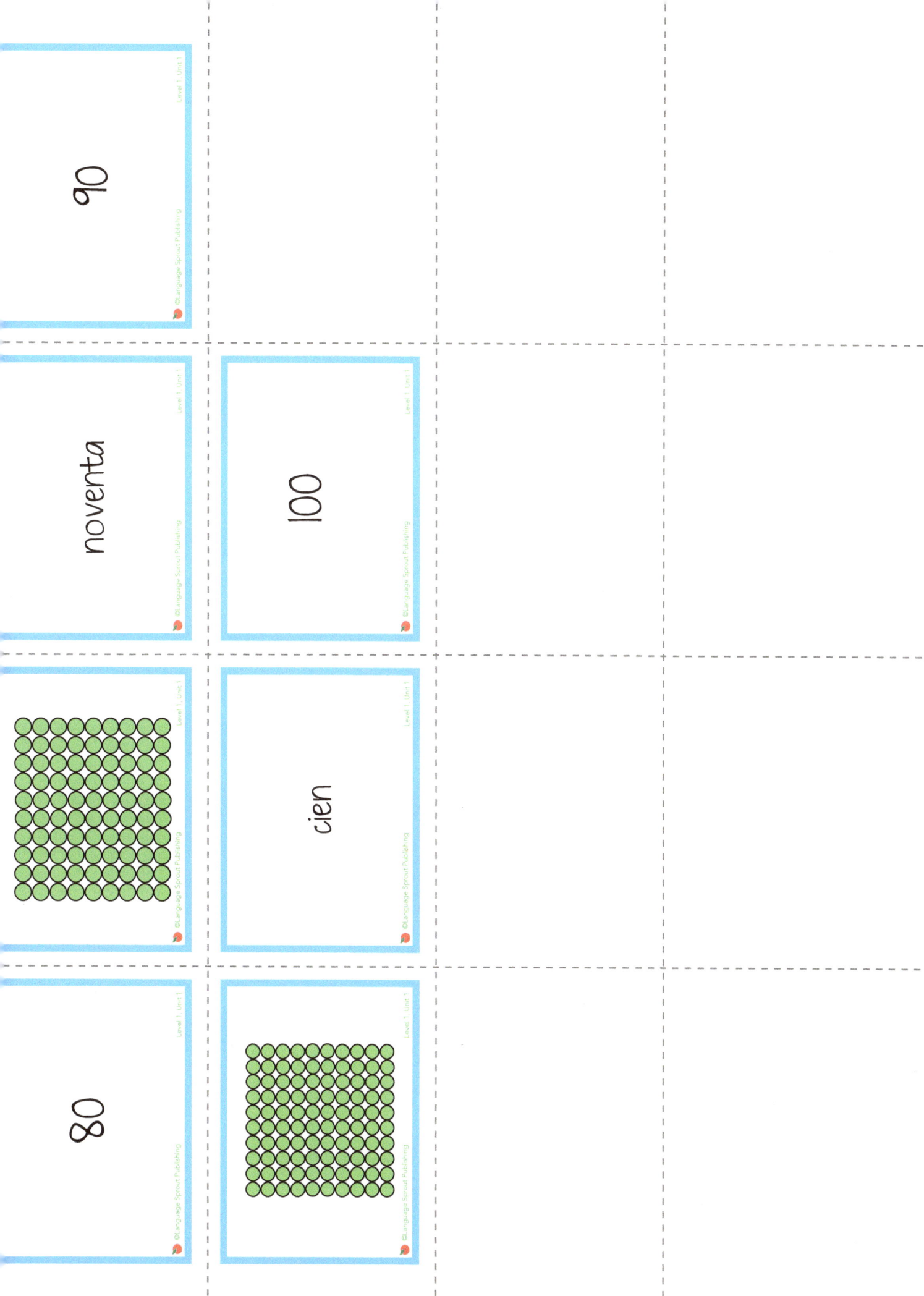

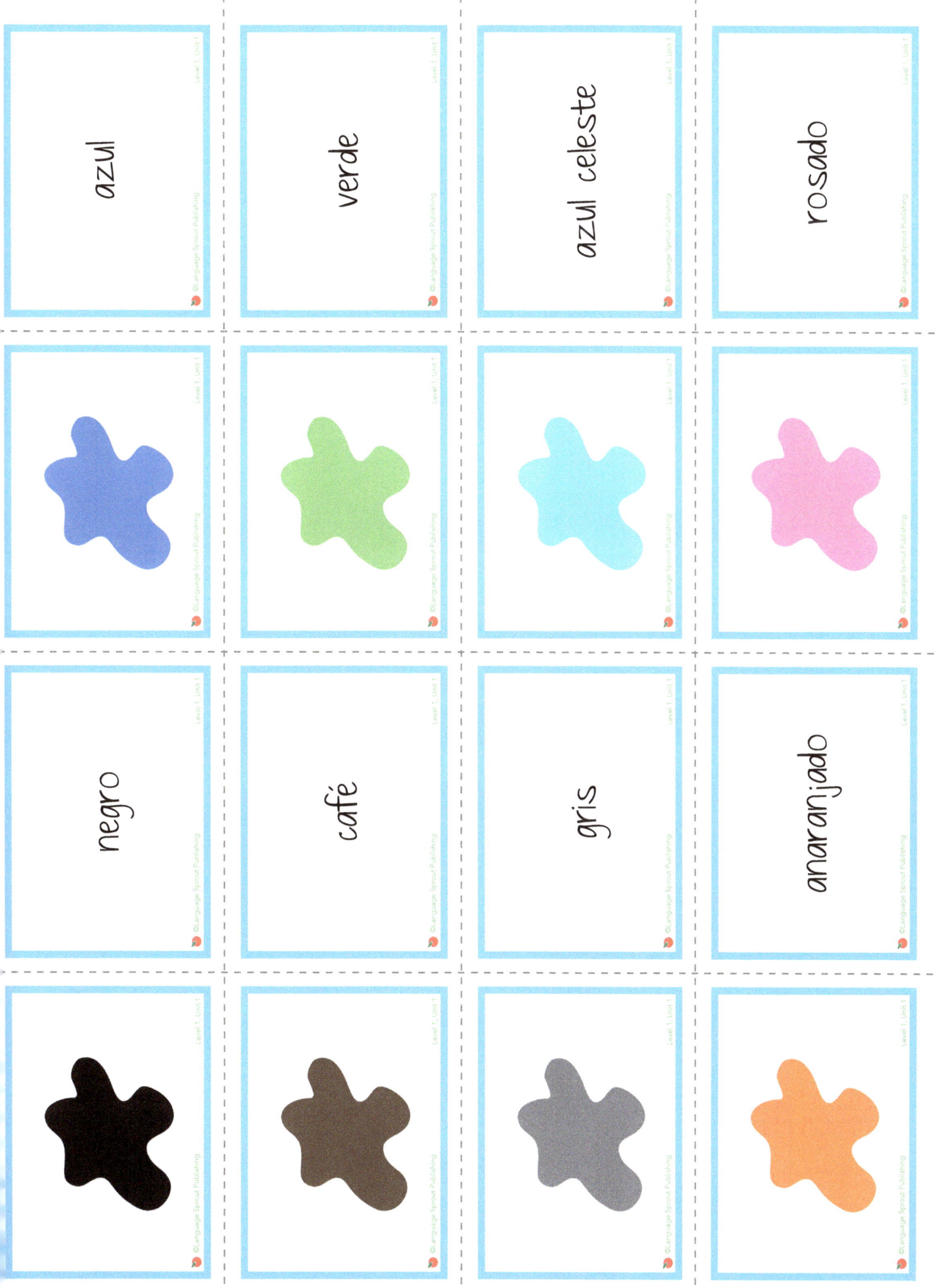

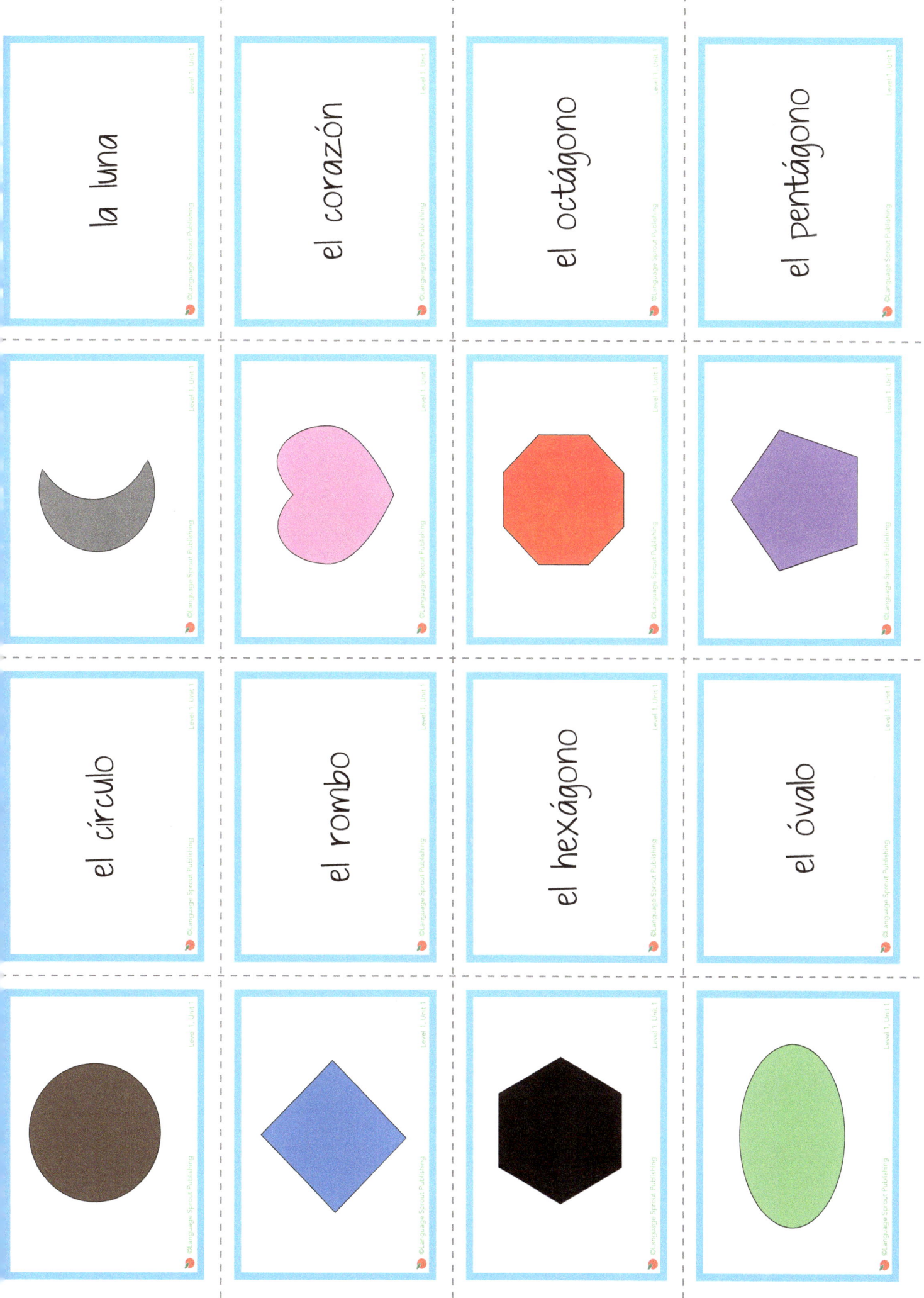

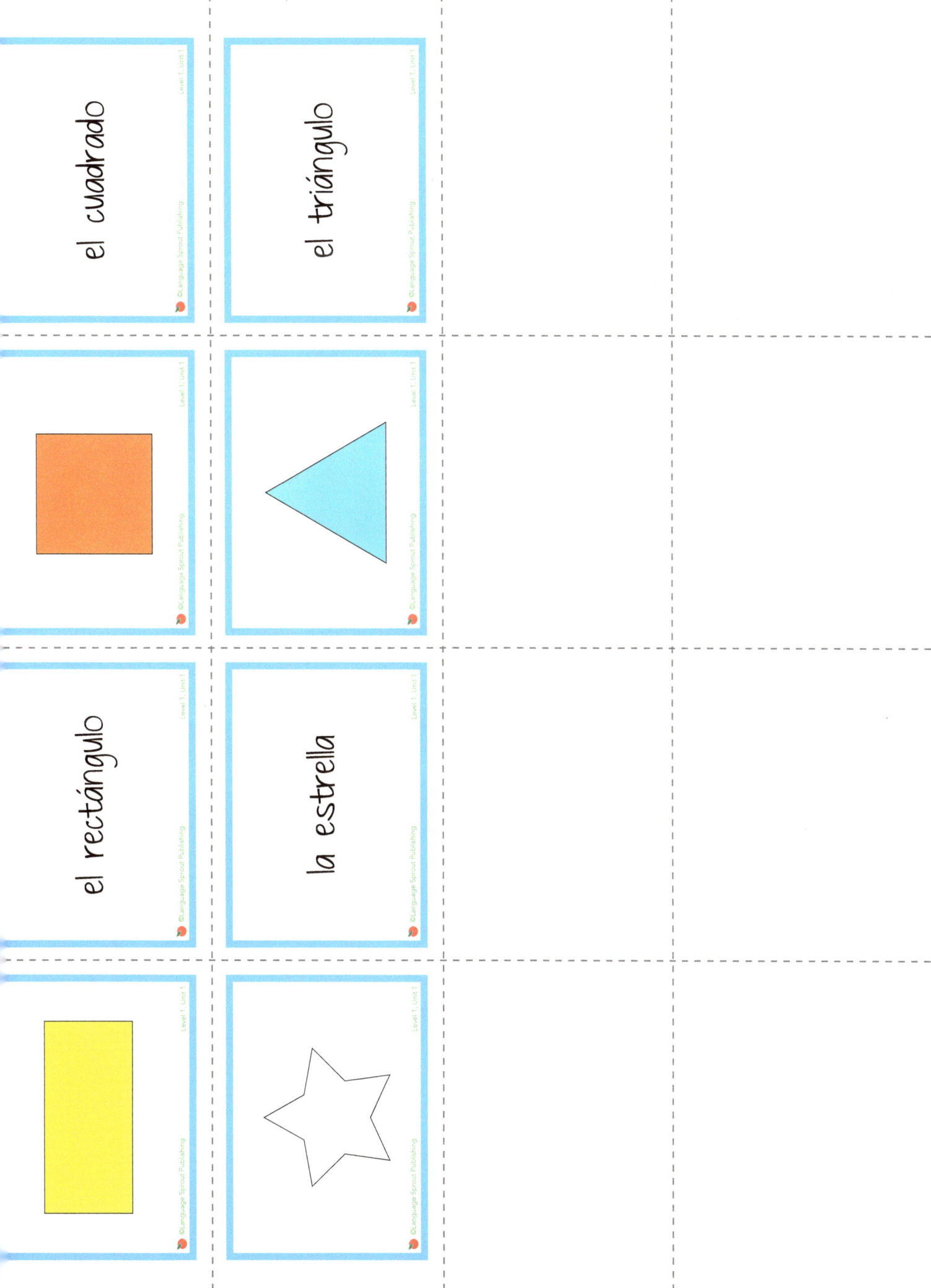

el pimiento	el repollo	la coliflor	el chile

la alcachofa	el brócoli	la zanahoria	el apio

el pepino	los ejotes	el hongo	los chícharos

el maíz	la berenjena	la lechuga	la cebolla

www.ingramcontent.com/pod-product-compliance
Lightning Source LLC
Chambersburg PA
CBHW040008080526
44586CB00027B/2926